महाभारत
की कहानियाँ

कर्ण का अंतिम युद्ध

सुभद्रा सेन गुप्ता

Om KIDZ
An imprint of Om Books International

भीष्म एवं द्रोणाचार्य की मृत्यु के बाद कर्ण कौरवों की सेना का सेनापति बना। युद्ध के सत्रहवें दिन शक्तिशाली रथ पर सवार अपने हाथों में अपने विशाल धनुष विजय के साथ उसने कुरुक्षेत्र की युद्धभूमि में प्रवेश किया।

जैसे ही उसने धनुष उठाकर उसकी डोर खींची, युद्ध के मैदान में एक तेज़ आवाज़ गूँज उठी जिसे सुनकर पांडव सैनिक भय से भर गए।

भगवान कृष्ण अर्जुन का रथ हाँक रहे थे और उन्होंने अपने मित्र को चेतावनी देते हुए कहा, "कौरवों के सभी वीरों में से तुम्हें कर्ण से सबसे अधिक सावधान रहना होगा। वह तुम्हारी तरह ही एक महान धनुर्धर है और यदि तुमने सावधानी नहीं बरती तो वह तुम्हें पराजित कर सकता है।"

कृष्ण की बात सुनकर अर्जुन मुस्कुराया एवं अपने धनुष को पकड़कर बोला, "मेरा धनुष गांडीव मेरी रक्षा करेगा। आप चिंतित न हों मित्र, आज मैं अपनी पूरी शक्ति के साथ युद्ध करूँगा।"

कौरवों के शिविर में दुर्योधन ने कर्ण से कहा, “अर्जुन को कृष्ण जैसा सारथी होने का लाभ मिलेगा। मैं राजा शल्य को आपका सारथी बनाना चाहता हूँ। वे अपने अश्वकौशल की मदद से युद्धभूमि में आपकी रक्षा करेंगे।”

शल्य को कर्ण का सारथी बनाना एक बड़ी भूल थी। शल्य के मन में इस बात को लेकर क्रोध उत्पन्न हो गया कि एक राजा होते हुए भी उसे कर्ण का सारथी बनना पड़ रहा है, जो स्वयं एक सारथी का पुत्र है। वह इस तथ्य से भी क्रोधित था कि दुर्योधन ने धोखे से उसे कौरवों की सेना में शामिल कर लिया, जबकि वह पांडवों की ओर से युद्ध करना चाहता था।

उसी समय कृष्ण ने शल्य से कर्ण का अपमान कर उसका मनोबल तोड़ने के लिए कहा। युद्धभूमि में रथ चलाते हुए शल्य लगातार कर्ण का अपमान कर रहा था और एक योद्धा के रूप में उसके आत्मविश्वास को गिरा रहा था।

युद्ध के ठीक पहले कुंती ने कर्ण को यह बताया कि वह कुंती का पुत्र है। कर्ण ने कुंती को यह वचन दिया कि वह केवल अर्जुन का वध करेगा और अन्य भाइयों को किसी तरह की क्षति नहीं पहुँचाएगा। अर्जुन एवं कर्ण के बीच एक भीषण युद्ध शुरू हो गया और सारा आकाश तीरों से आच्छादित हो गया।

कर्ण के भयंकर तीर भार्गवास्त्र ने एक ही बार में सैकड़ों सैनिकों के प्राण ले लिए। उसने युधिष्ठिर को भी पराजित कर दिया किंतु कुंती को दिए अपने वचन के कारण उनका वध नहीं किया। उसके बाद कर्ण ने सबसे भयानक तीर ब्रह्मास्त्र का प्रयोग कर अर्जुन को अपना लक्ष्य बनाया। ब्रह्मास्त्र से अर्जुन का वध निश्चित था।

अंतिम क्षण में भगवान कृष्ण ने रथ का पहिया भूमि में नीचे की ओर झुका लिया और इस प्रकार ब्रह्मास्त्र अर्जुन के मुकुट को भेदता हुआ निकल गया। इस तरह भगवान कृष्ण की तीव्र सोच ने अर्जुन के प्राणों की रक्षा की और अब वह युद्ध के अगले दिन के लिए तैयार था।

अर्जुन एवं कर्ण के बीच का युद्ध दो समान रूप से शक्तिशाली योद्धाओं के बीच होने वाला युद्ध था। किंतु अपने दो अभिशापों के कारण कर्ण की स्थिति परिवर्तित हो गई। पहला अभिशाप यह था कि उसके रथ का पहिया भूमि में धँस जाएगा और दूसरे शाप के कारण आवश्यकता के समय वह ब्रह्मास्त्र के उपयोग का मंत्र भूल जाएगा।

लड़ते हुए कर्ण को यह आभास हुआ कि उसके रथ का पहिया भूमि में धँसता जा रहा है और तभी शल्य ने उसकी मदद करने से मना कर दिया। कर्ण को अपने रथ का पहिया बाहर निकालने के लिए रथ से नीचे उतरने के लिए बाध्य होना पड़ा।

इस बीच अर्जुन लगातार अपने तीरों से कर्ण पर निशाना साध रहा था। उसने विरोध करते हुए कहा, "मैं नीचे भूमि पर खड़ा हूँ और निहत्था भी हूँ! जो शत्रु अपने रथ पर न हो उस पर आक्रमण करना युद्ध के नियम के विरुद्ध है।" किंतु अर्जुन ने अपना प्रहार नहीं रोका।

कर्ण ने वहीं से युद्ध लड़ने के लिए अपना धनुष उठाया किंतु युद्ध के इस महत्वपूर्ण बिंदु पर आकर वह ब्रह्मास्त्र का मंत्र भूल गया। अर्जुन के बाण ने कर्ण के वक्ष को भेद दिया और महान कर्ण की मृत्यु हो गई।

अठारह दिन के भीषण युद्ध के बाद दुर्योधन एवं उसके सभी भाइयों की मृत्यु हो चुकी थी। द्रौपदी के पाँचों पुत्र भी मारे जा चुके थे। कुरुक्षेत्र के युद्ध से हमें यह शिक्षा मिलती है कि जीवन की समस्याओं का समाधान लालच, हिंसा एवं युद्ध नहीं होता है। यदि कौरवों ने पांडवों के साथ शांति से रहने का चयन किया होता, तो उन्हें अपने प्राण नहीं गँवाने पड़ते।